MW00980734

¡VAMOS DE FIESTA!
A Harcourt Spanish Reading / Language Arts Program

Disfraces y fiestas

Autores

Alma Flor Ada • F. Isabel Campoy • Juan S. Solis

Consultora

Angelina Olivares

Harcourt

Orlando Boston Dallas Chicago San Diego

Visita *The Learning Site*

www.harcourtschool.com

Acknowledgments appear in the back of this work.

Printed in the United States of America

ISBN 0-15-314684-2

Querido lector,

Disfrázate para la fiesta de aventuras que te espera en este libro. Al igual que algunos de los personajes de estos cuentos te sorprenderás con lo que vas a encontrar. Ya sea explorando el patio de tu casa o viajando lejos, siempre encontrarás algo nuevo que aprender. Ahora pasa la página para que **Disfraces y fiestas** pueda comenzar.

Atentamente,

Los Autores

Los Autores

TEMA

Viajes y aventuras

CONTENIDO

TEMA

Viajes y aventuras

Lecturas favoritas

El desierto es mi madre
escrito por Pat Mora
Una niña habla del desierto como si fuera su madre.
DE LA COLECCIÓN

Yo quiero ser un astronauta

escrito por Byron Barton

Un niño sueña con ser un astronauta.

DE LA COLECCIÓN

Choco encuentra una mamá

escrito por Keiko Kasza

Choco quiere una mamá y la busca entre muchos animales.

DE LA COLECCIÓN

El pajarito azul

Tomek Bogacki

Un día, en un nido sobre un árbol
muy alto, nació un pajarito azul.
El pajarito creció muy rápido.

—¿Por qué no aprendes a volar con tu hermana y tu hermano? —le preguntó su madre—. ¿No te gustaría conocer el mundo?

—¡Sí! —contestó el pajarito azul—. Pero tengo miedo todavía.

Mientras los demás pájaros probaban sus alas, el pajarito azul se sentó en el nido a mirar.

Esa noche no pudo dormir
imaginándose lo que habría
más allá de los árboles.

—Mamá, Mamá ¿qué hay
afuera? —preguntó.

—Nada —le dijo su madre—.
Es hora de dormir.

"¿Nada?" pensó.

Esa noche no pudo pensar
en otra cosa.

A la mañana siguiente el pajarito azul no estaba en el nido. Todos se preguntaban qué había pasado.

"Nada, nada, ¿dónde está esa nada?", pensó el pajarito azul al salir del nido.

"¿Es alto o bajo?"

"¿Está aquí o allá?"

"¿Cómo es nada?"

Como no encontró a alguien a quien hacerle esas preguntas, siguió su camino.

Encontró una charca de agua azul. Era algo que nunca había visto antes, pero no sabía si era lo que andaba buscando.

—¿Qué buscas? —le preguntó alguien.

—Nada —respondió sorprendido.

—¡Ah! Entonces ven conmigo —dijo el pájaro verde.

Y el pajarito azul se fue con él.

De repente llegó una bandada de pájaros de todos colores.

—¿Qué buscan? —preguntaron.

—Nada —contestó el pájaro verde.

—¡Ah! Entonces vengan con nosotros —dijeron.

Y el pájaro verde extendió las alas y salió volando.

El pajarito azul se olvidó que
tenía miedo de volar.
Extendió también sus alas y
voló hacia ellos.

Y volaron alto y volaron bajo.
Volaron aquí y volaron allá.

"¡Qué maravilloso es volar!",
pensó el pajarito azul.

—¿Dónde has ido? ¿Qué has visto? —le preguntaron su hermana y su hermano cuando el pajarito azul regresó a casa.

—¿Qué pasó que vuelas tan bien? —le preguntó su madre.

—Nada —dijo el pajarito azul, aleteando alegremente.

—¡Cuéntanos, cuéntanos! —dijeron su hermano y su hermana.

—¡Vengan conmigo! —dijo el pajarito.

Y volaron alto y volaron bajo.
Volaron aquí y volaron allá.
Y volaron juntos . . . por todas partes.

Piénsalo

1. ¿Qué buscaba el pájaro azul? ¿Qué encontró?
2. Cuenta la primera vez que trataste de hacer algo. ¿Qué hiciste? ¿Cómo te sentiste?
3. ¿Por qué fue más fácil volar cuando el pájaro azul se olvidó que tenía miedo?

Lectura en voz alta

Conozcamos al autor e ilustrador

Tomek Bogacki

Tomek Bogacki pasó su infancia en la enorme casa de sus abuelos, junto a un río en Polonia. Le gustaba pasear en bicicleta por los prados y el pueblo cercano. También le gustaba dibujar, pintar y escribir cuentos.

Ahora se dedica a ilustrar y escribir libros infantiles. Sus libros son leídos por niños de todo el mundo, por eso siempre está escribiendo uno nuevo.

Tomek Bogacki

Visita *The Learning Site*
www.harcourtschool.com/reading/spanish

Lectura en voz alta

Si pudieras Volar...

Imagínate cómo sería poder volar como un pájaro. ¿Adónde irías? ¿Qué te parece que verías desde el aire?

Haz un dibujo de los lugares que te gustaría ver.

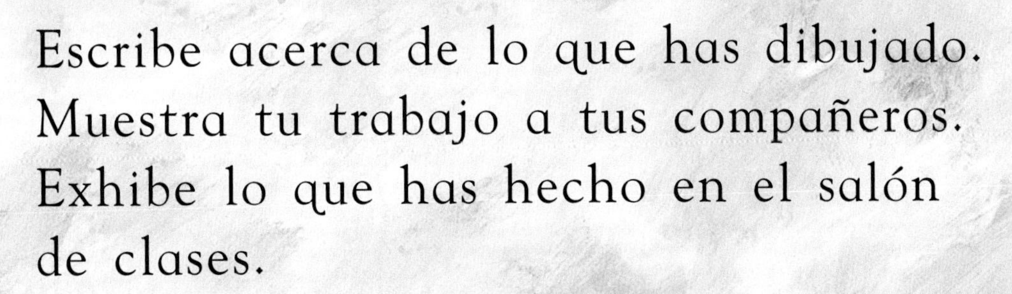

Escribe acerca de lo que has dibujado. Muestra tu trabajo a tus compañeros. Exhibe lo que has hecho en el salón de clases.

SAPO
— Y —
SEPO
TODO EL AÑO

Arnold Lobel

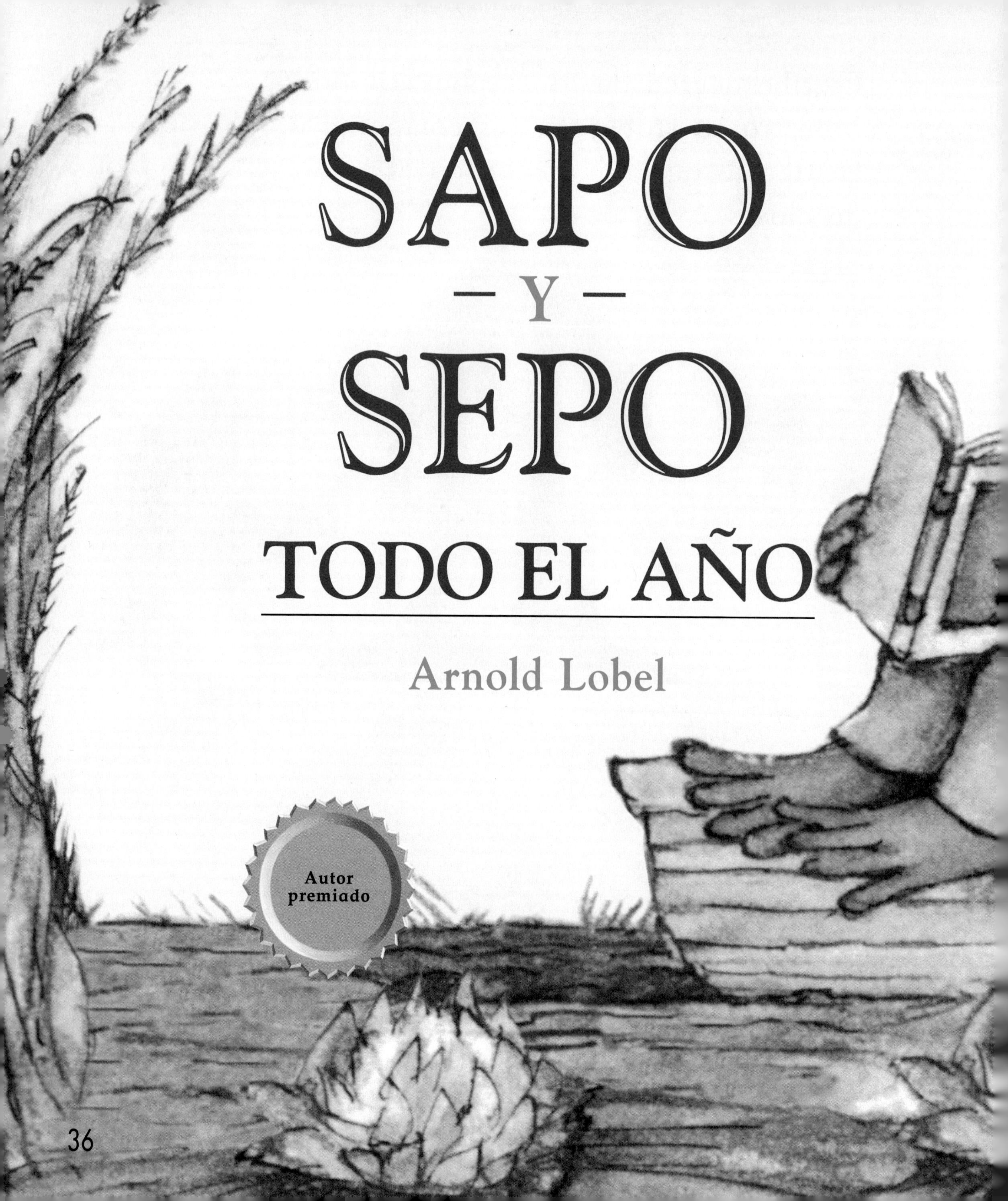

LA ESQUINA

A Sapo y Sepo los sorprendió la lluvia, y echaron a correr hacia casa de Sepo.

—Estoy todo mojado —dijo Sapo—. Se nos ha arruinado el día.

—Toma un té y un trozo de pastel —dijo Sepo—. Va a dejar de llover. Y si te acercas a la estufa, se te secará pronto la ropa.

—Mientras esperamos, te contaré un cuento —dijo Sepo.

—¡Sí! —dijo Sapo.

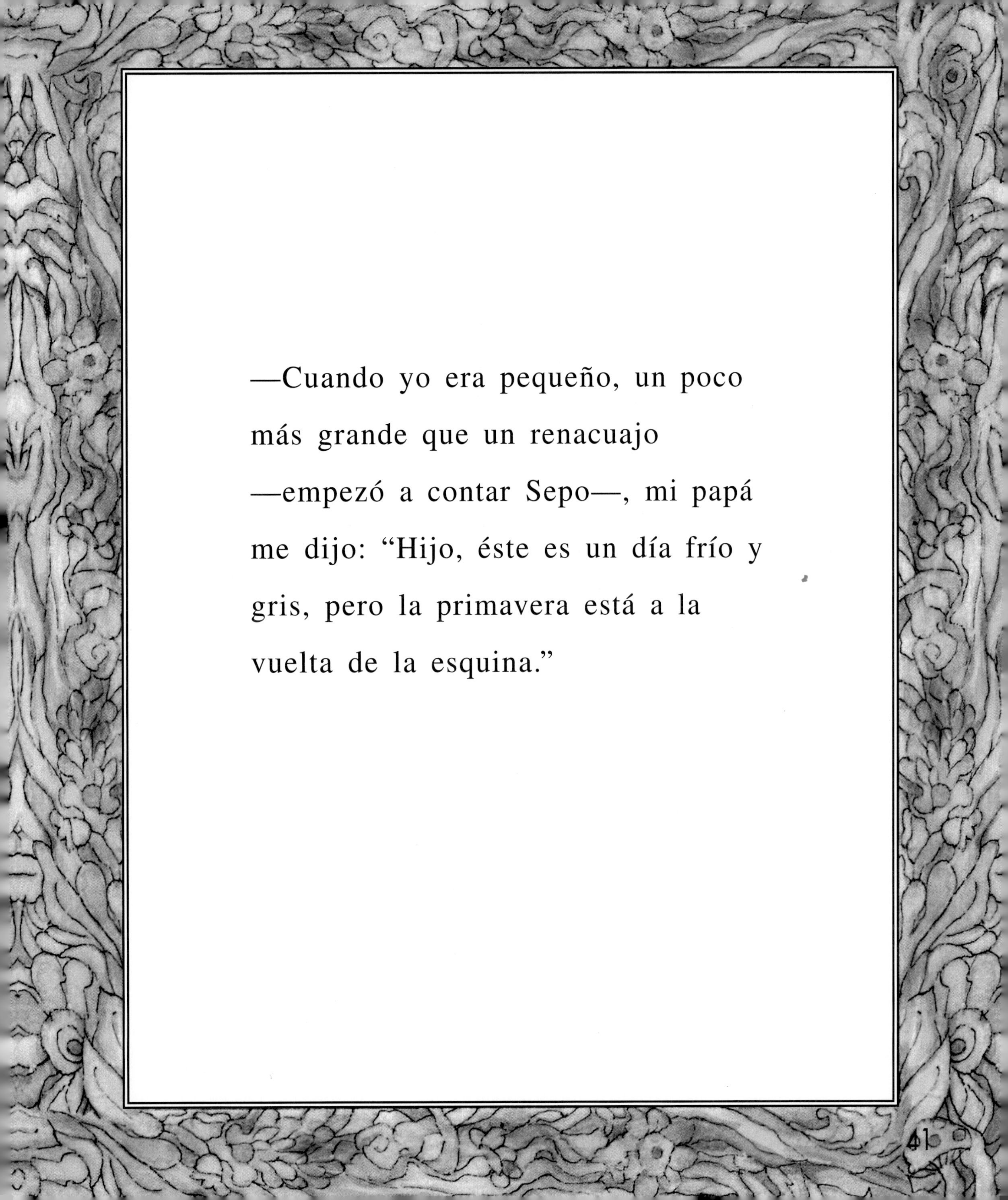

—Cuando yo era pequeño, un poco más grande que un renacuajo —empezó a contar Sepo—, mi papá me dijo: “Hijo, éste es un día frío y gris, pero la primavera está a la vuelta de la esquina.”

—Yo quería que llegara la primavera,
así que salí a buscar esa esquina.
Caminé en el bosque por un sendero
hasta que llegué a una esquina.
Di vuelta a la esquina
para ver si la primavera
estaba del otro lado.

—¿Y estaba allí? —preguntó Sapo.

—No —dijo Sepo.

—Sólo había un pino,
tres piedritas
y un poco de hierba seca.

—Seguí caminando por el prado
y pronto llegué a otra esquina.
Di la vuelta para ver si allí estaba
la primavera.
—¿Y la encontraste?
—preguntó Sapo.

—No —dijo Sepo.
—Sólo había un
viejo gusano
dormido encima de
un tronco.

—Caminé a la orilla del río
hasta que llegué a otra esquina.
Di la vuelta a la esquina
para buscar la primavera.
—¿Y estaba allí? —preguntó Sapo.

—No —dijo Sepo—.
Sólo había lodo
y una lagartija que se estaba
mordiendo la cola.
—Seguramente estabas muy
cansado —comentó Sapo.
—Claro que estaba cansado
—dijo Sepo—, y además
empezó a llover.

—Entonces regresé a casa.
Cuando llegué —dijo Sepo—,
encontré otra esquina.
Era la esquina de mi casa.
—¿Y allí diste la vuelta?
—preguntó Sapo.
—Sí —respondió Sepo.
—¿Y qué viste?
—preguntó Sapo.

—Vi que estaba saliendo el sol
—dijo Sepo—. Vi unos pájaros
cantando en un árbol.
Vi a mi mamá y a mi papá
que estaban trabajando en el huerto,
y vi flores en el jardín.

—¡La encontraste! —gritó Sapo.

—Sí —dijo Sepo—. Me puse muy contento.

Había encontrado la esquina donde se escondía la primavera.

—Mira, Sepo —dijo Sapo—. Tenías razón. Ha dejado de llover.

Sapo y Sepo salieron corriendo.

Y enseguida dieron la vuelta
a la esquina de la casa para
comprobar que la primavera
había regresado.

Piénsalo

1. ¿Qué fue lo que más te gustó del cuento? ¿Por qué?

2. Explica lo que hace Sepo para encontrar la primavera. Luego explica qué hacen Sapo y Sepo para hallar la primavera.

3. ¿Por qué el cuento de Sepo hace que Sapo se sienta mejor?

Lectura en voz alta

CONOZCAMOS AL
AUTOR E ILUSTRADOR

ARNOLD LOBEL

Arnold Lobel escribía e ilustraba libros infantiles. Sapo y Sepo son dos de los muchos y maravillosos personajes que creó. La idea de escribir sobre estos personajes se le ocurrió un día mientras estaba sentado frente a su casa. Los sapos y las ranas son animales parecidos pero también muy diferentes. Así fue como nacieron los personajes que conocemos en la actualidad.

Visita *The Learning Site*
www.harcourtschool.com/reading/spanish

Lectura en voz alta

¿Ranas en los árboles?

Mark Warner

¿Qué es lo primero que se te ocurre cuando piensas en las ranas? Que saben dar grandes saltos, ¿no?

¿Sabías que las ranas también pueden *trepar?* Algunas ranas se trepan a árboles y arbustos. Se llaman *ranas arbóreas.*

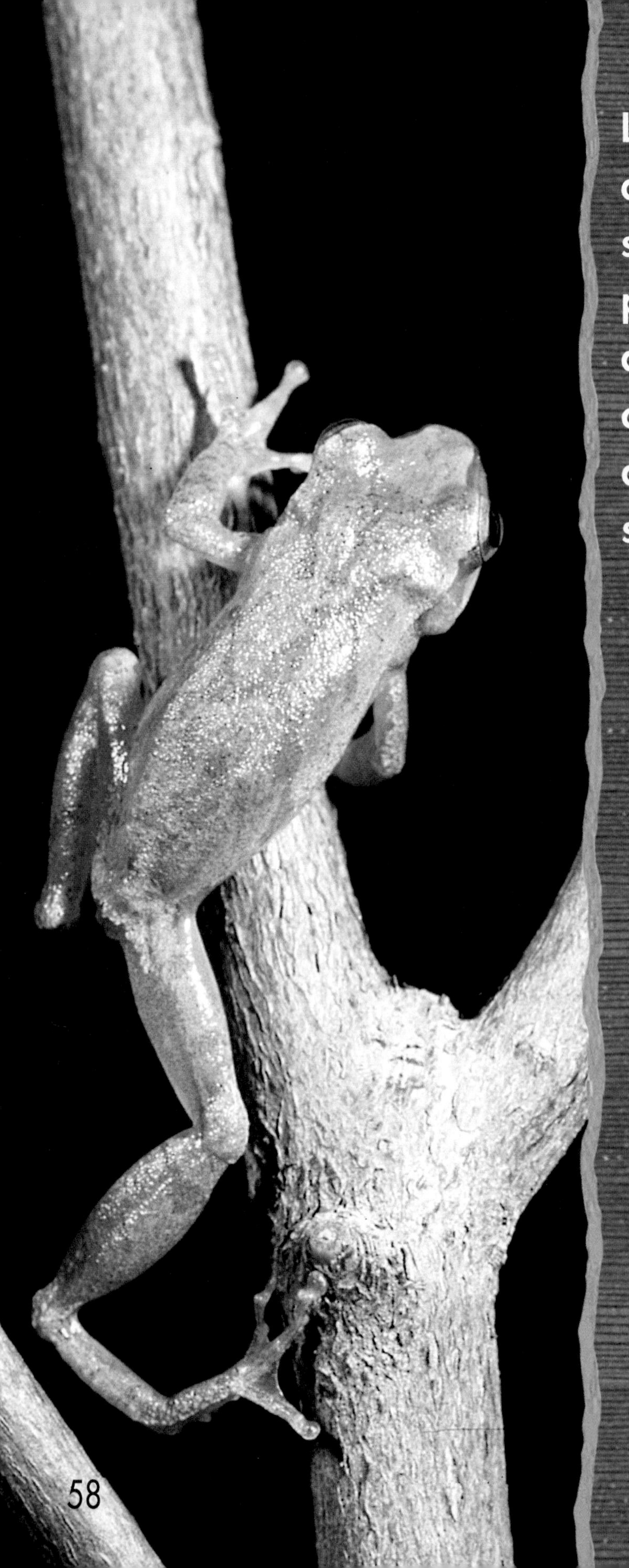

Las ranas arbóreas se trepan a los árboles para obtener su alimento. Sus grandes ojos les permiten encontrar los insectos que van a comer. Y esos enormes ojos también los ayudan a detectar cuando algún animal se los quiere comer.

◀ El extremo de sus patas es pegajoso y esto les permite trepar con más facilidad.

La mayoría de estas ranas son muy pequeñas. Y esto también las ayuda a trepar. Esta rana adulta, por ejemplo, es del tamaño de un pulgar.

Las ranas arbóreas son muy hábiles para esconderse. Algunas veces cambian de color y es muy difícil verlas. Esta rana tiene el mismo color que el árbol. ¿Puedes distinguirla?

Lectura en voz alta

TALLER DE ACTIVIDADES

SALTA — Y — MIDE

Los sapos y las ranas saltan de un lugar a otro. Hay una especie de rana que puede dar saltos de 17 pies.

¡Prueba cuánto puedes saltar tú!

PARA ESTA ACTIVIDAD NECESITARÁS:

cinta adhesiva de papel, hilo, tijeras

1. Trabaja en grupos de tres. Marquen la línea de larga con la cinta.

2. Párate en la largada y salta. No te muevas.

3. Uno de tus compañeros debe sostener el hilo en la largada y el otro lo corta en el lugar donde estás parado.

4. Escribe tu nombre en un trozo de cinta. Pégalo al hilo que te corresponde. Repitan estos pasos para cada miembro del grupo.

Compara los trozos de hilo. Colócalos en orden, del más largo al más corto. ¿Quién dio el salto más grande?

María Rius
Josep M. Parramón

La vida en el mar

Había una vez un pez pequeñito
que se llamaba Salmón y vivía
en las aguas de un río.

Salmón era muy feliz, tenía muchos hermanos y muchos amigos; el cacho, la perca, la trucha...

Pasó el tiempo y cuando Salmón ya tenía tres años, su maestro el Gran Salmón le dijo: —Mañana iremos por el río hacia el mar.

Al día siguiente, empezaron
a descender por el río.
Siguieron río abajo y el río crecía y
había mucha agua, hasta que por
fin llegaron al mar. ¡Y el mar era
grande, profundo, inmenso...!

Y había peces; muchos peces grandes y pequeños, de muchas formas y muchos colores.

Salmón y su maestro nadaron muy deprisa hacia el fondo del mar y he aquí que Salmón vio un pez enorme.

—¡No te acerques! —gritó otra vez su guía—. ¡El pez grande se come al pequeño!

El fondo del mar era maravilloso: Nadaron junto a un gran pulpo, pasaron detrás de unos caballitos de mar y vieron desde lejos a un cachalote que jugaba con un pez espada.

Fueron a la costa y junto a las rocas vieron conchas y caracolas, moluscos y langostas.

Y más abajo, en las rocas y en el fondo, vieron multitud de plantas, algas, esponjas y corales.

Era un paisaje fascinante, con peces extraños, caballitos y estrellas de mar, ostras con perlas, túneles en la roca, manadas de peces, corales rojos y amarillos... ¡Era fantástico!

¡ERA LA VIDA DEBAJO DEL MAR!

PIÉNSALO

1. ¿Qué lugares visita Salmón en su viaje por el fondo del mar?

2. ¿Te gustaría hacer un viaje al fondo del mar? ¿Por qué?

3. ¿Cuál es tu animal favorito de todos los que aparecen en este cuento?

Conozcamos a la ilustradora

María Rius

María Rius nació en Barcelona, España, una ciudad a orillas del mar. Ella está casada y tiene dos hijos. Enseña dibujo, pintura e ilustración desde 1960 en la Escuela Profesional de la Diputación.

Rius dice: "Desde muy pequeña tuve la necesidad de expresarme artísticamente y para mi la mejor forma de comunicación es mediante la ilustración. Por eso soy ilustradora." Ella ha publicado más de 200 libros en su larga carrera.

EL MAR NIÑO

Cuando el mar era chiquito
jugaba el río con él:
era entonces un charquito
con un solo pececito
y un barquito de papel.

Dora Alonso

Taller de actividades

En el mar

En el cuento *La vida en el mar* el personaje recorre muchas partes del mar.

¿Te gustaría armar una escena sobre la vida en el fondo del mar?

Necesitarás una caja de zapatos, témperas, pinceles, pegamento, cartulina, tijeras, hilo y pasta seca en forma de conchas de mar.

1. Pinta el interior de la caja como si fuera el fondo del mar.

2. Pega la pasta en forma de conchas de mar en el fondo de la caja.

3. Pinta y recorta la silueta del salmón. Átale un hilo al salmón y cuélgalo dentro del diorama.

¡Manzano, manzano!

versión en español de Alma Flor Ada

Mary Blocksma

Ilustrado por Sandra Cox Kalthoff

Mírame y vas a ver,
qué buen amigo puedo ser.

Manzano, manzano,
¿tienes allí
una casa para mí?

Mira lo que tengo aquí,
una manzana color rubí.
Será una casa para ti,
sólo, sólo para ti.

Manzano, manzano,
¿tienes allí
un regalo para mí?

¡Yo
no!
Mira lo que tengo aquí,
una manzana color rubí.
Será un regalo para ti,
un buen regalo para ti.

Manzano, manzano,
¿tienes allí
buenas frutas para mí?

Mira lo que tengo aquí,
unas manzanas color rubí.
Buenas manzanas para ti,
sólo, sólo para ti.

Manzano, manzano,
¿tienes allí
un gusano para mí?

El gusanito es mi amigo
y se queda aquí conmigo.
Pero tengo algo aquí,
una semilla para ti.

Ay, manzano, puedo ver
qué amigo puedes ser.
No te vayas,
buen amigo.
¡Quédate aquí conmigo!

Casas y juguetes
ya todos los di.
Y mis lindos regalos
ya los repartí.
Frutas ni semillas
no quedan aquí,
ni tengo un amigo
sólo para mí.

¡Árbol, espera y verás!
Sembraré un amigo,
o dos, quizás.

Llegó la noche,
y triste estoy.
Duérmete tú,
que yo ya me voy.
Adiós, manzano,
ya pronto verás
qué buen amiguito
será el que tendrás.

¡Ay, mira!
¡Es un arbolito!
¡Él será mi amiguito!

Tengo un amigo que se irá,
un buen amigo que se quedará.
Un arbolito sembrado aquí,
un buen amigo para mí...

y para mí.

PIÉNSALO

1. ¿Por qué está contento el manzano al final del cuento?
2. ¿Te gustaría tener un amigo como el manzano? ¿Por qué?
3. ¿Qué hace el gusanito para que su amigo el manzano no esté solo?

Conozcamos a la autora

Mary Blocksma

Mary Blocksma nació en Chicago y siempre le gustó escribir. A veces, también colabora escribiendo con su hermano Dewey. Mary Blocksma fue maestra y ahora que se dedica a escribir, los niños siguen siendo su principal público.

Conozcamos a la traductora

Alma Flor Ada

Alma Flor Ada es la traductora de este cuento y también es escritora de literatura infantil. Ella nació en Cuba y ahora vive en San Mateo, California. Alma Flor Ada siempre quiso hacer libros para la escuela que fueran divertidos.

Lectura en voz alta

Taller de actividades

Las estaciones

Los árboles como el manzano cambian y se transforman a lo largo de las estaciones.

Haz un cartel que represente las cuatro estaciones.

En esta actividad necesitarás:

- cartulina de varios colores
- pegamento
- tijeras
- una hoja grande de cartón

1 Recorta cuatro siluetas de un árbol.

2 A continuación recorta las hojas, frutas, copos de nieve y otros detalles para cada estación.

3 Pega los detalles en cada árbol y luego pega los árboles en la hoja grande de cartón.

4 Escribe un título al cartel y muéstraselo a tus compañeros.

Un lazo a la luna

Lois Ehlert

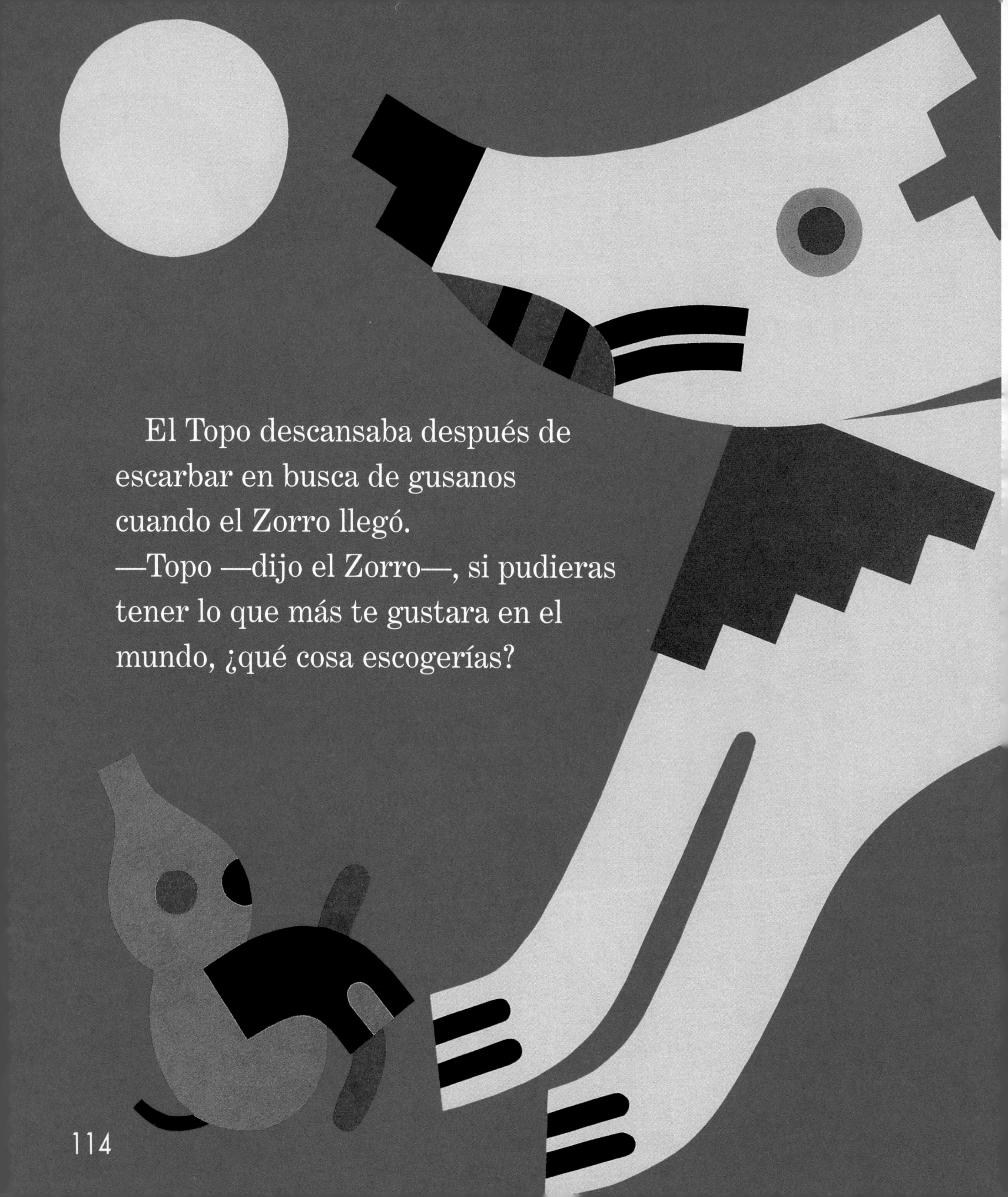

El Topo descansaba después de escarbar en busca de gusanos cuando el Zorro llegó.

—Topo —dijo el Zorro—, si pudieras tener lo que más te gustara en el mundo, ¿qué cosa escogerías?

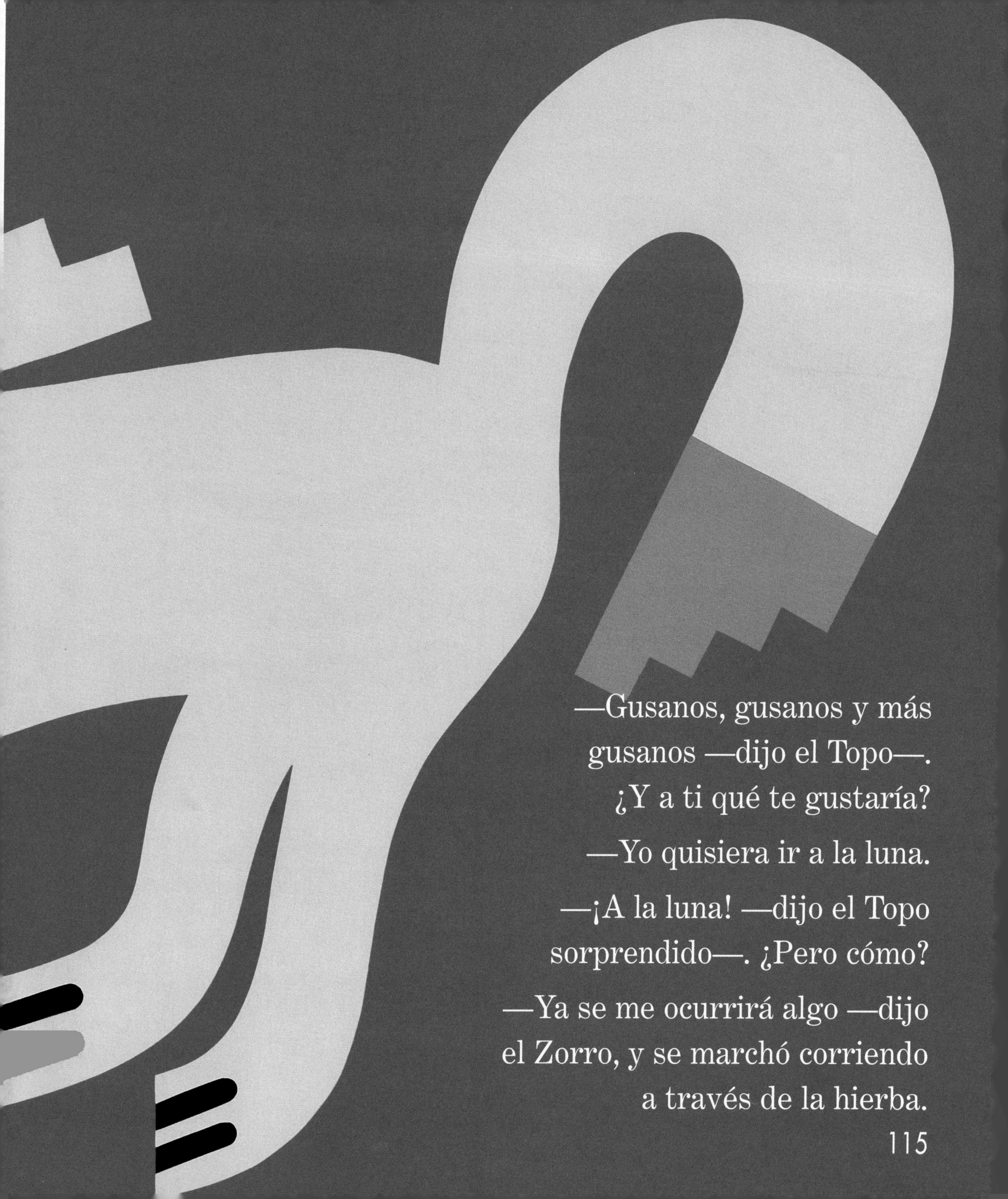

—Gusanos, gusanos y más gusanos —dijo el Topo—. ¿Y a ti qué te gustaría?

—Yo quisiera ir a la luna.

—¡A la luna! —dijo el Topo sorprendido—. ¿Pero cómo?

—Ya se me ocurrirá algo —dijo el Zorro, y se marchó corriendo a través de la hierba.

Al Zorro le gustaba correr por la hierba. El pasto le picaba el pelaje. Entonces, tuvo una idea. ¿Por qué no trenzar un lazo de hierba? Haciendo un nudo en el extremo, podría enlazarlo a un pico de la luna y subirse.

Y el Zorro regresó donde su amigo el Topo.

—¡Oye, Topo! ¡Ya sé cómo ir a la luna! Los dos podríamos subirnos con mi lazo.

El Topo parpadeó.

—¿Los dos?

—Allí hay muchos gusanos grandes —dijo el Zorro—. Unos enormes.

El estómago del Topo empezó a gruñir. Iría también.

El Topo y el Zorro trenzaron la hierba para hacer un lazo largo y esperaron hasta que apareció la luna creciente. Entonces el Zorro dio vueltas al lazo por encima de su cabeza.

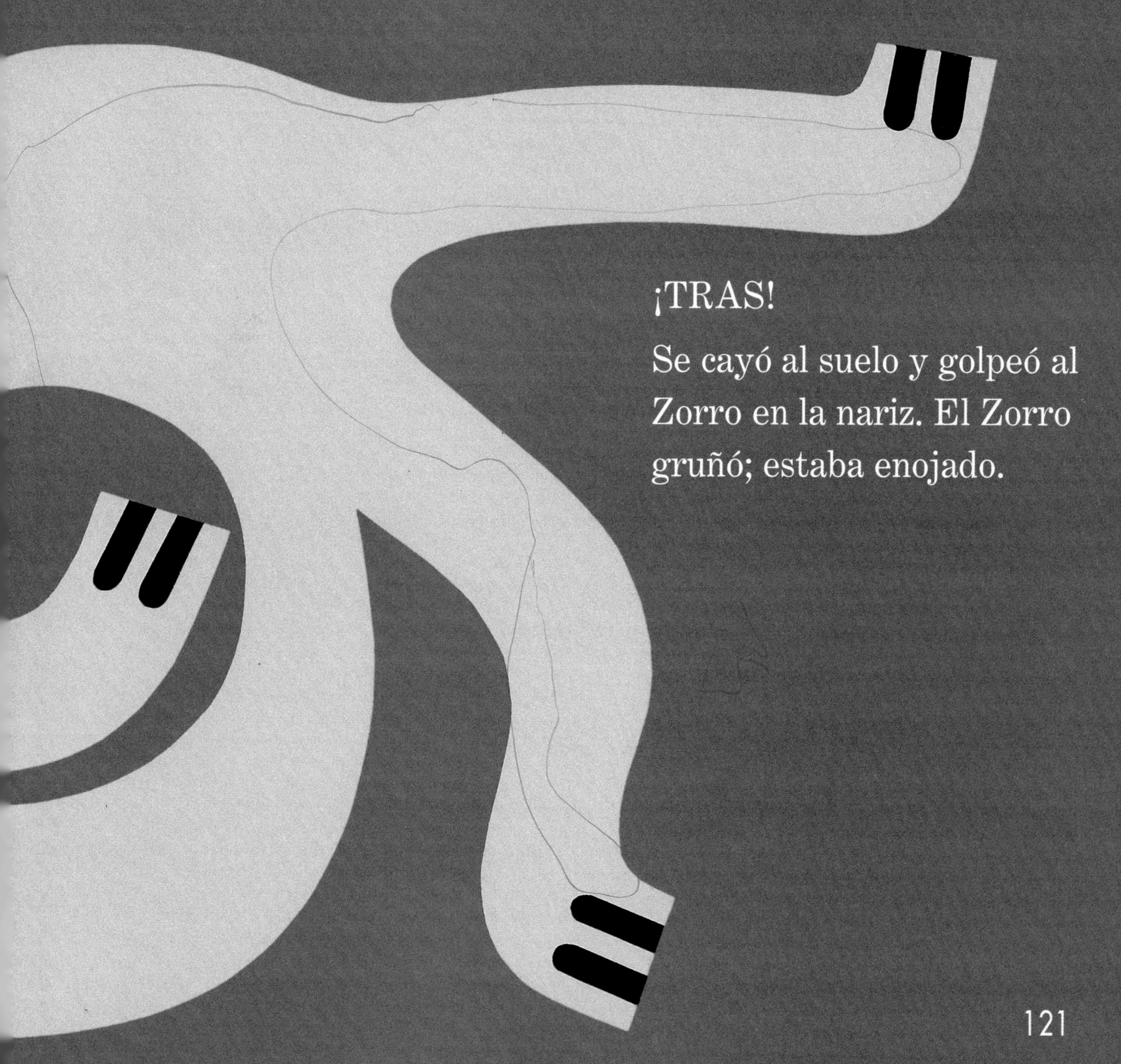

¡TRAS!

Se cayó al suelo y golpeó al Zorro en la nariz. El Zorro gruñó; estaba enojado.

—Quizás los pájaros nos podrían llevar el lazo —dijo el Topo. Pero los pájaros no querían ir a la luna.

—Sólo les pido que aten el lazo a la punta —les dijo el Zorro—. Nosotros haremos lo demás.

Entonces los pájaros tomaron el lazo con sus picos y volaron hacia arriba, muy arriba, hasta el cielo. El Topo y el Zorro se quedaron esperando abajo.

Cuando regresaron, los pájaros dijeron: —Ya está listo el lazo.

El Zorro empezó a subir, pata por pata, pues quería ser el primero en llegar a la luna. El Topo le siguió, garra por garra.

El Zorro no quitaba los ojos de la luna. Pero el Topo, sí. Echaba miradas hacia la tierra. De pronto se le soltaron las garras. Se cayó en el espacio, hacia abajo, hacia abajo, hacia abajo . . .

¡PLUM!

El Topo cayó encima de un pájaro que había seguido a los trepadores. Se agarró firmemente mientras el pájaro lo llevaba de vuelta a la tierra. Esperaba llegar desapercibido.

Pero todos los animales lo estaban mirando. Se burlaban del Topo.

—Quizás no resbalaste —dijo la Serpiente—. Quizás soltaste el lazo a propósito para poder regresar.

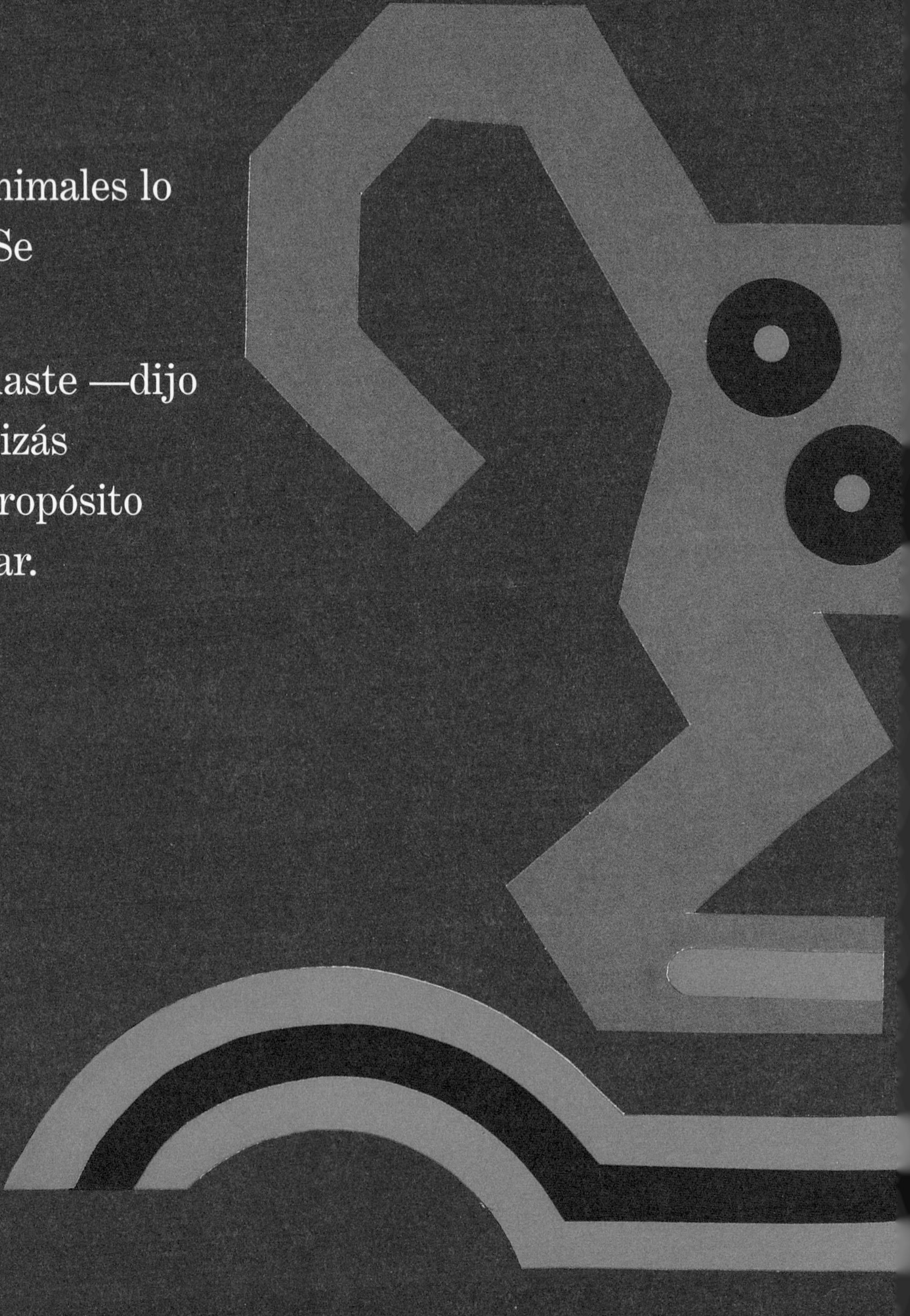

El Topo se enfadó por todo este jaleo. Se fue corriendo y escarbó un túnel muy profundo. Y allí se quedó por mucho tiempo.

Hasta la fecha el Topo prefiere no salir antes del anochecer, y anda a la luz de la luna sin hacer ruido, evitando a los demás animales. Y jamás presta atención a los zorros.

¿Y el Zorro?
¿Llegaría a la luna?
Dicen los pájaros que en las noches claras lo pueden ver en la luna llena, mirando hacia la tierra.
El Topo dice que no lo ha visto.
¿Y tú lo has visto?

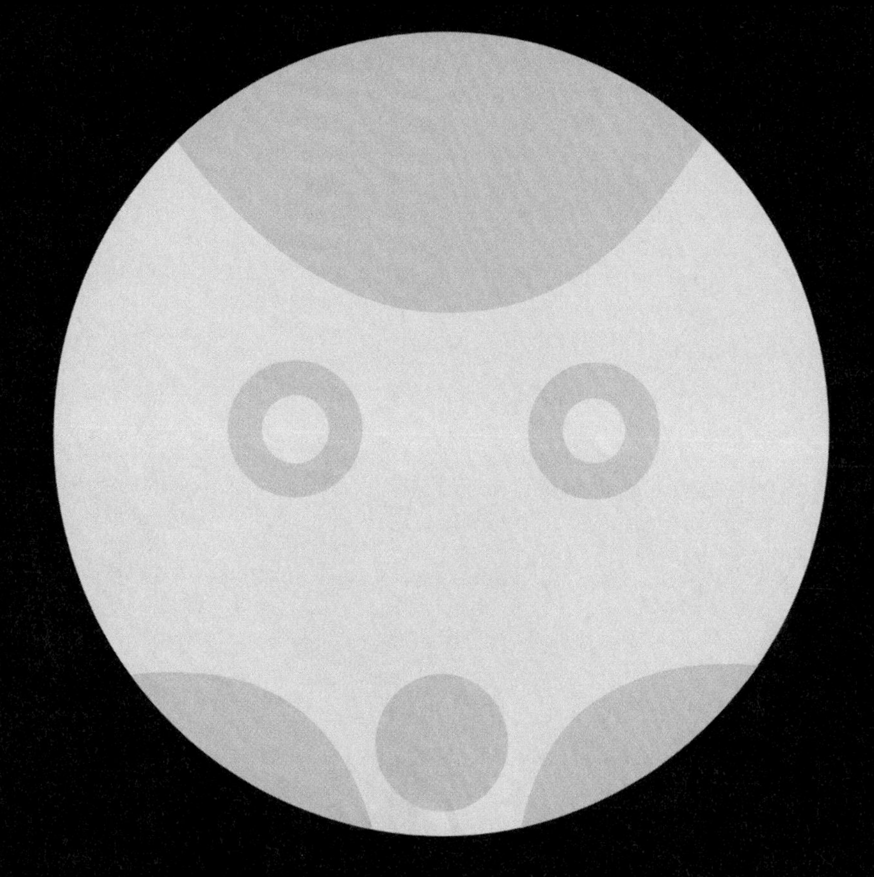

Piénsalo

1. ¿Crees que la idea del Zorro dio resultado?
2. ¿Se te ha ocurrido alguna vez una idea para construir o hacer algo? ¿Qué pasó?
3. ¿Qué aspecto de la naturaleza explica este cuento tradicional?

Lectura en voz alta

Lois Ehlert

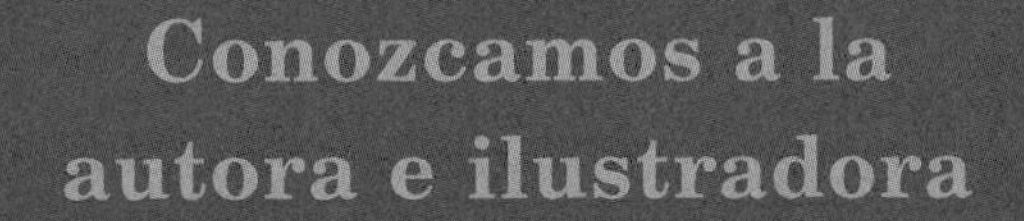

Conozcamos a la autora e ilustradora

Lois Ehlert

Cuando era niña, a Lois Ehlert le gustaba usar trozos de madera y telas para hacer juguetes. Ella estudió en una escuela de arte y llegó a ser ilustradora. Para crear las ilustraciones de *Un lazo a la luna*, un cuento tradicional de Perú, ella estudió el arte de ese país, los tejidos, las joyas, la cerámica y la escultura.

Visita *The Learning Site*
www.harcourtschool.com/reading/spanish

ANIMALES DE COLLAGE

Haz animales de collage e inventa una historia sobre ellos.

Para esta actividad necesitarás:

cintas

cartulina

tijeras

trozos de tela

plumas

botones

diamantina

marcadores

creyones

pegado

- Elige un animal que te guste.
- Haz un animal combinando varios materiales.
- Prueba varias combinaciones antes de pegar los materiales a la cartulina.

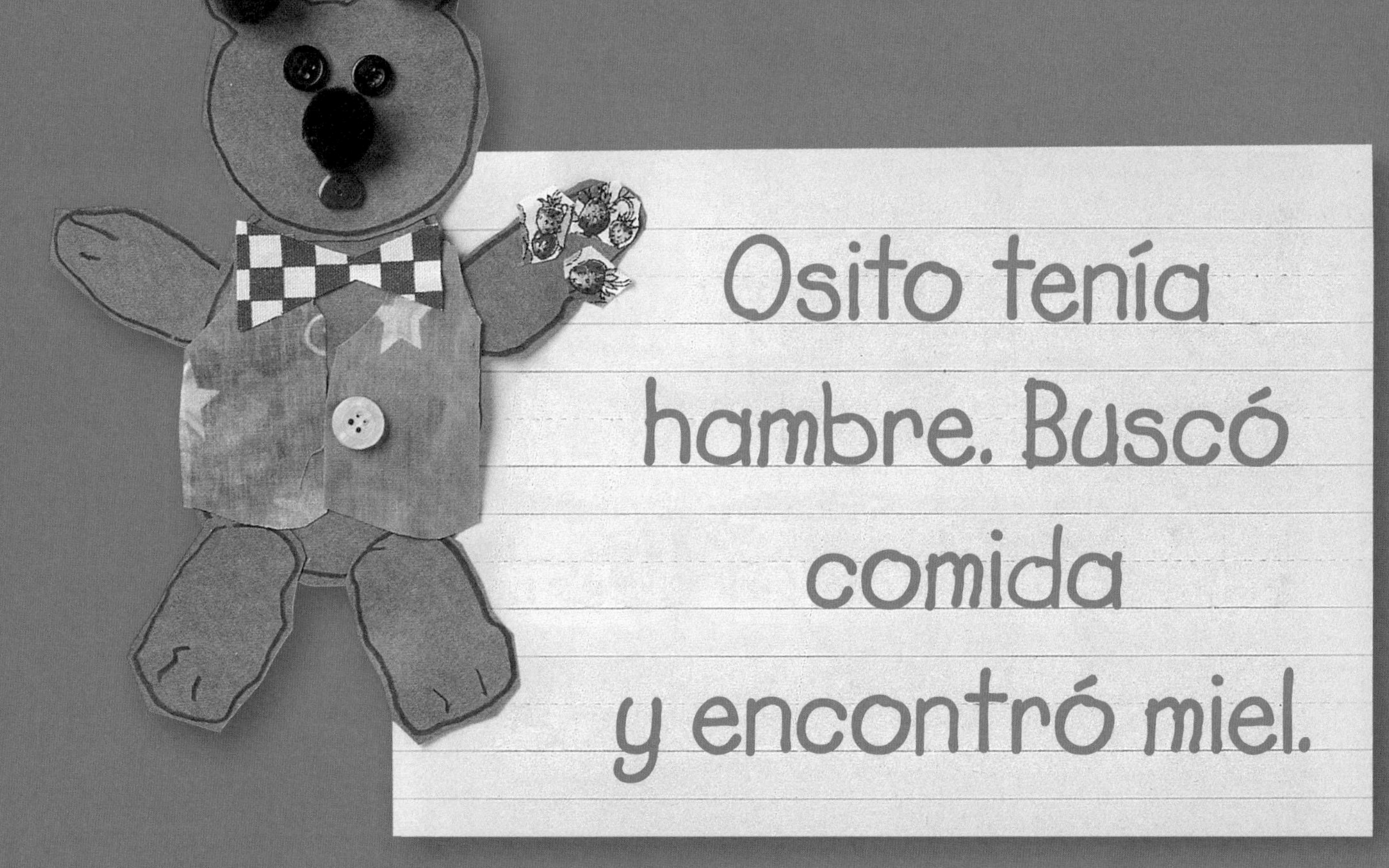

- Cuando termines tu collage, escribe un cuento sobre tu animal.
- Luego lee tu cuento a un compañero.

Autor premiado

El ancho mar

Martin Waddell
ilustrado por Jennifer Eachus

—¡Vámonos! —dijo Mamá.
Y enseguida salimos . . .

de casa
y en la oscuridad vi . . .
LA LUNA.

Atravesamos el prado,
pasamos por debajo de la cerca,
y vi el ancho mar esperándome.

Empecé a correr
y Mamá me siguió.
Corrimos y corrimos,
cruzamos los charcos,
y llegamos al mar.

Me acerqué a donde
brillaba el agua.
Estaba sola frente al
ancho mar.

Chapoteé en el agua
y me reí.
Mamá vino conmigo
y entramos en lo hondo.

Las dos nos empapamos.

Luego seguimos caminando
a orillas del mar,
y dejamos las huellas
de nuestros pies
en la arena.

Muy, muy a lo lejos,
al otro lado de la bahía,
vimos la ciudad,
las luces,
las montañas.
Mamá y yo
nos sentimos muy pequeñas.

No fuimos a la ciudad.
Nos quedamos un rato
junto al mar.

Y entonces Mamá me dijo:
—No olvides nunca este
momento.
Así debe ser la vida.

Empecé a sentir frío
y Mamá me llevó
de vuelta a casa.

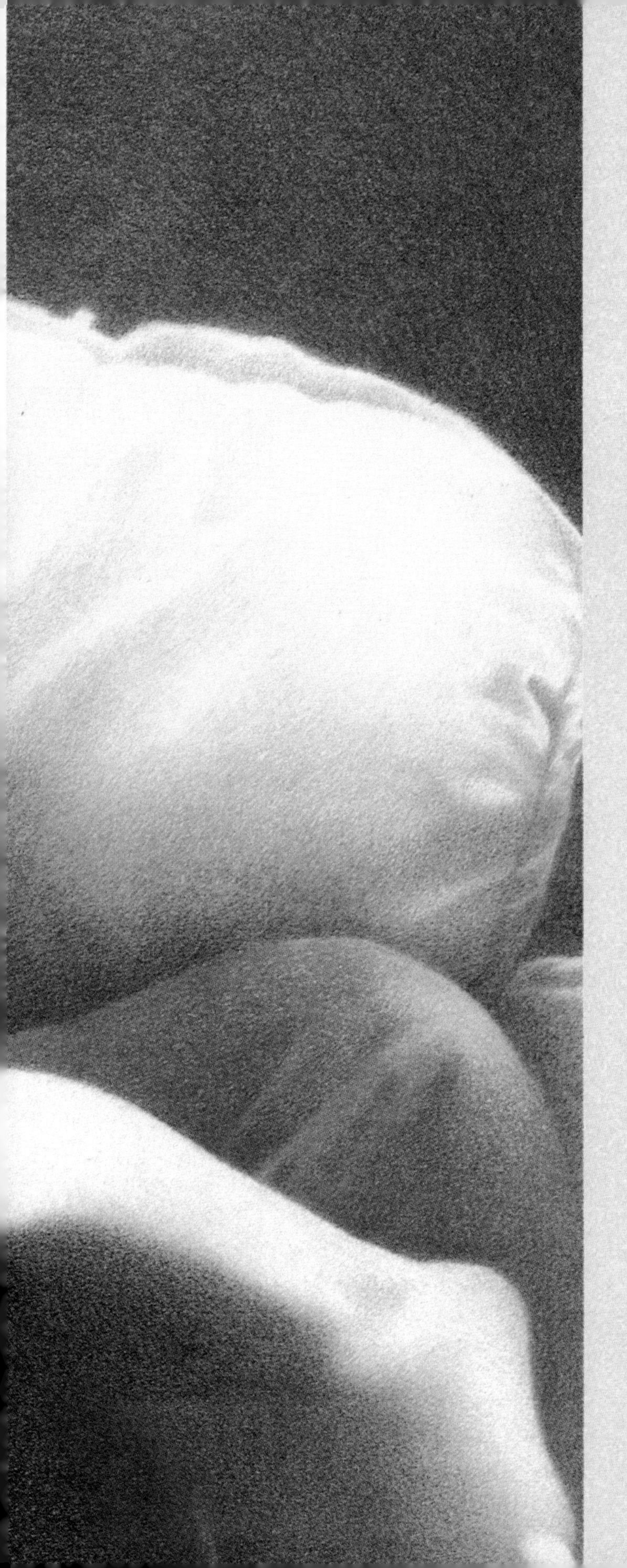

En casa, Mamá y yo
nos sentamos junto al fuego,
comimos pan tostado con
mantequilla y me quedé
dormida en su regazo.

Siempre recordaré
esa noche
en que Mamá
me llevó de paseo
junto al ancho mar.

Piénsalo

1. ¿Qué recordará la niña de su paseo?
2. ¿Por qué crees que la madre le dice a la niña "no olvides nunca este momento"?
3. Cuenta algo que siempre recordarás.

Lectura en voz alta

Conozcamos al autor

Martin Waddell

Martin Waddell tuvo la idea de escribir *El ancho mar* cuando un amigo fue a visitarlo con su pequeña hija. Pensó que a ellos les gustaría un paseo por la playa de noche. Martin Waddell vive cerca de la playa en County Down, Irlanda del Norte.

Visita *The Learning Site*
www.harcourtschool.com/reading/spanish

Conozcamos a la ilustradora

Jennifer Eachus

Jennifer Eachus dice que sólo cuando fue a Irlanda supo cómo ilustrar *El ancho mar*. "Fui cuando había luna llena y la playa era tal cual como dice el cuento."

Lectura en voz alta

TALLER DE ACTIVIDADES

En el profundo mar azul

¿Has ido al mar alguna vez?
¿Qué sabes acerca del mar?
¿Qué animales viven allí?
Haz un mural de la vida del mar.

1. Haz una lista de los animales que viven en el mar.

2. Lee sobre estos animales.

3. Decide qué animales mostrarás y dónde los dibujarás.

4. Cuelga el mural en el pasillo para que todos lo vean.

Babo

Kate Banks
ilustrado por Georg Hallensleben

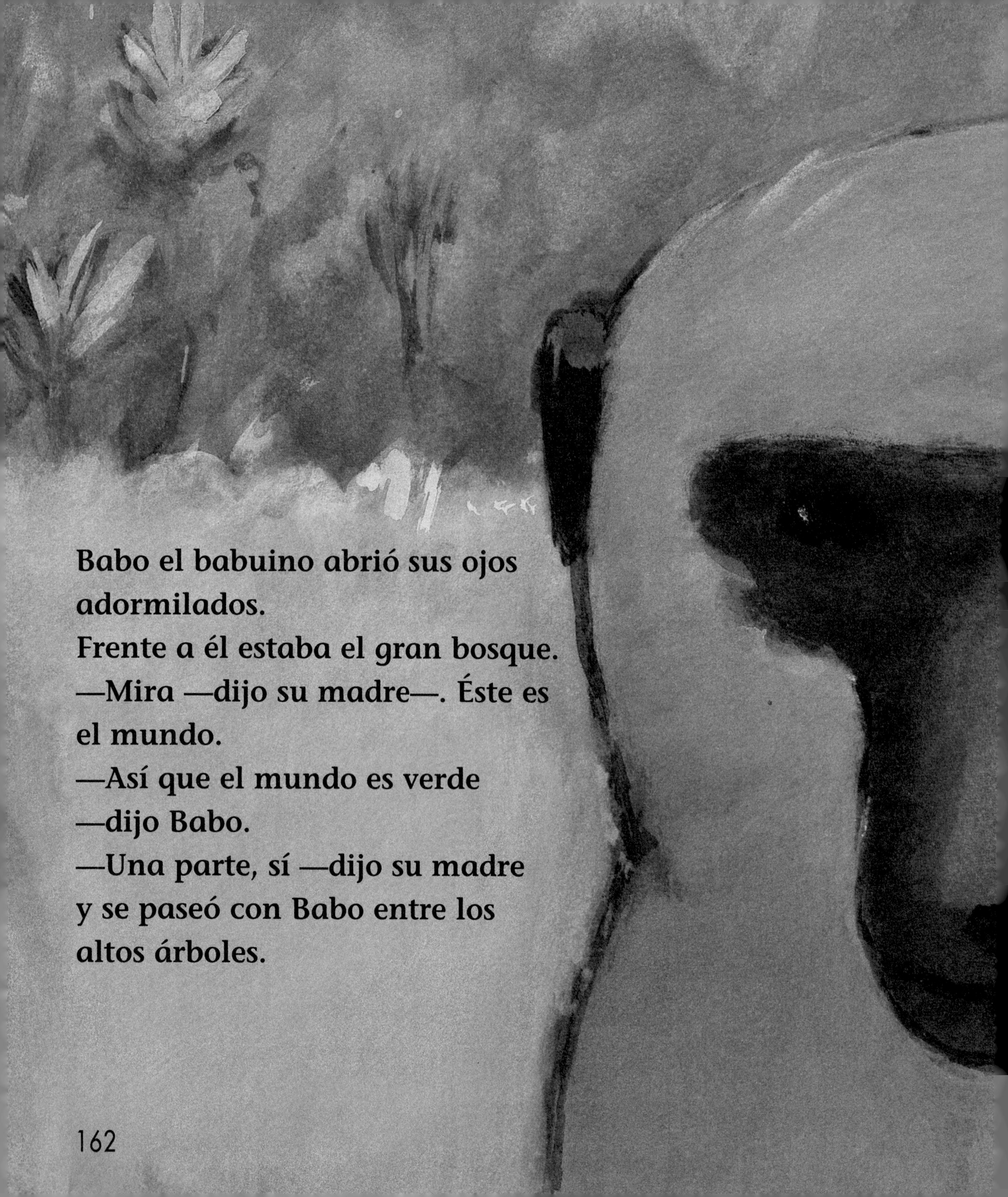

Babo el babuino abrió sus ojos adormilados.
Frente a él estaba el gran bosque.
—Mira —dijo su madre—. Éste es el mundo.
—Así que el mundo es verde —dijo Babo.
—Una parte, sí —dijo su madre y se paseó con Babo entre los altos árboles.

Vieron una tortuga sentada
en medio del camino.
Tenía los ojos cerrados y apenas
se movía. Babo miró y esperó a que la
tortuga pasara. Esperó mucho tiempo.
—El mundo es lento —dijo Babo.
—A veces —dijo la madre.

Cuando la tortuga pasó, Babo siguió a su madre. Al borde de la selva ardía un gran incendio.
Babo se acercó despacio al fuego.
Enseguida sintió calor.
Babo dio un salto hacia atrás.
—El mundo es caliente —dijo.
—No siempre —dijo su madre.

Su madre llevó a Babo a un
pequeño lago.
Había un cocodrilo en la orilla.
El cocodrilo abrió su enorme boca.
—¡Cuidado! —dijo la mamá de
Babo—. El cocodrilo puede
comerte.
Babo no quería que se lo comiera
y corrió hacia los arbustos.
—El mundo tiene hambre —dijo.
—A veces tú también tienes
hambre —comentó la madre.

Al poco rato llegaron los elefantes, de cuatro en cuatro. Los elefantes bramaban y hacían temblar el suelo.
Luego pasó una gacela. No era tan lenta como la tortuga sino ágil y rápida.

Un rinoceronte salió como una flecha de
entre los arbustos.
Le gruñó a Babo y Babo se asustó.
—No te va a hacer daño —le dijo su madre.

Babo tomó la mano de su madre y empezaron a cruzar el prado. Babo se ocultó entre la alta hierba. Su madre también se ocultó entre la hierba. Cuando se encontraron se tumbaron juntos en el suelo.

—El mundo es suave —dijo Babo. Y se sintió contento.

Babo se estiró y rodó por el suelo.
Pasó un pájaro volando. Pasó una nube por encima del pájaro. Y Babo se quedó dormido.
Cuando despertó, estaba oscureciendo. Babo vio cómo el sol desaparecía detrás de los árboles.
—Ven conmigo —dijo su madre. Y se fueron juntos.

Babo trepó a un árbol junto a su madre. Frente a él vio a un mono. Se parecía mucho a Babo.

—¿Él también es el mundo? —preguntó Babo.

—Sí —dijo la madre—. Igual que tú.

Babo lo miró en silencio. Y luego bajó del árbol con su madre.

Ahora los elefantes estaban todos juntos.
Las gacelas descansaban.
El fuego se había apagado y la luz del cielo había desaparecido.
Babo se subió a la espalda de su madre.
—El mundo es oscuro —le dijo.
—A veces —suspiró su madre, llevándolo a casa.

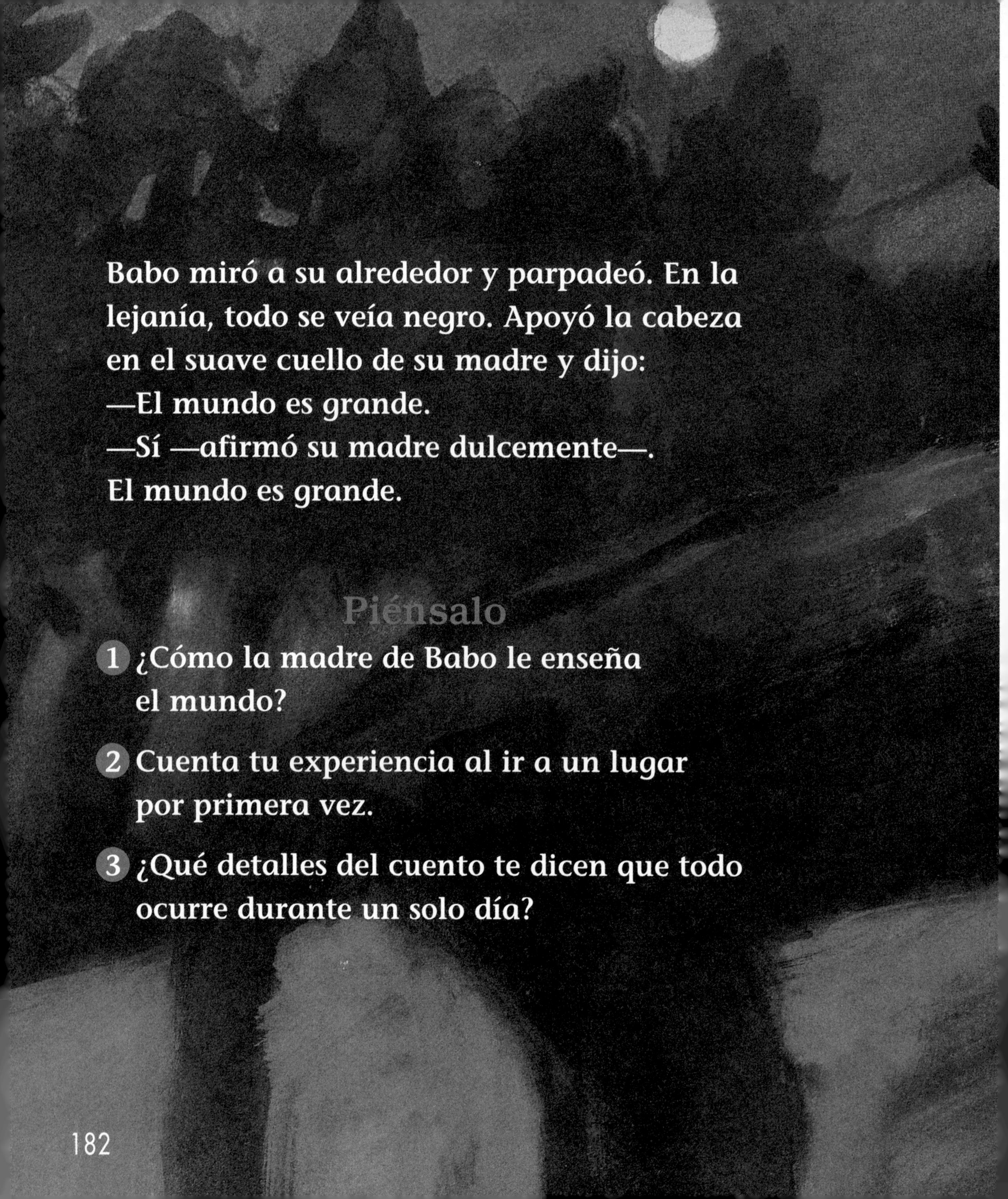

Babo miró a su alrededor y parpadeó. En la lejanía, todo se veía negro. Apoyó la cabeza en el suave cuello de su madre y dijo:

—El mundo es grande.

—Sí —afirmó su madre dulcemente—. El mundo es grande.

Piénsalo

1. ¿Cómo la madre de Babo le enseña el mundo?
2. Cuenta tu experiencia al ir a un lugar por primera vez.
3. ¿Qué detalles del cuento te dicen que todo ocurre durante un solo día?

Lectura en voz alta

Conozcamos a la autora

Kate Banks

Kate Banks y su hijo de cuatro meses estaban mirando la foto de un babuino llevando a su cría cuando ella empezó a pensar en el diálogo de *Babo.* A Kate Banks le gusta observar, escuchar y estar con niños. Y también le gusta escribir para ellos.

Kate Banks

Conozcamos al ilustrador

Georg Hallensleben

Georg Hallensleben creció en Alemania. Le gustaba ir al bosque en bicicleta y dibujar. Llevaba sus materiales de dibujo en un estuche de madera. ¡Empezó a dibujar cuando era chico y todavía lo sigue haciendo!

G. Hallensleben

Visita *The Learning Site*
www.harcourtschool.com/reading/spanish

¡A ca

Cuando sus cachorros se cansan, mamá osa los carga en la espalda. ¿Tus padres también te llevan a caballito?

El agua no es un lugar seguro para estos pollitos. Allí hay peces que se los pueden comer. Pero mamá y papá son el perfecto salvavidas.

ballito!

Esta rana lleva dos renacuajos en la espalda. Todos van hacia un estanque donde los renacuajos crecerán.

Los pequeños lémures se agarran con fuerza a la espalda de su mamá. Cuando los lémures saltan de árbol en árbol también llevan a sus pequeños a caballito.

Lectura en voz alta

TALLER DE ACTIVIDADES

Un móvil

En el mundo hay muchos pares de opuestos. Babo vio una tortuga **lenta** y una gacela **rápida**. Vio que durante el día había **luz** y durante la noche, **oscuridad**.

Para esta actividad necesitarás:

círculos de papel • hilo • perforadora • gancho para ropa

1 En un lado del círculo escribe una palabra y haz un dibujo.

2 Del otro lado del círculo, escribe la palabra opuesta y haz un dibujo.

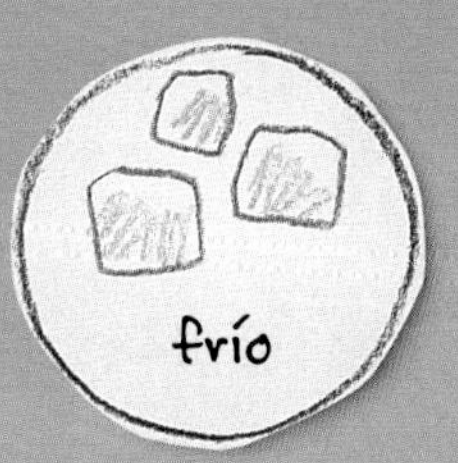

3 Perfora el círculo. Luego ata un hilo al círculo y ata el círculo al gancho. Haz los hilos de diferentes medidas.

4 Luego escribe pares de oraciones usando las palabras del móvil. Muestra las palabras a un grupo.

PLANETAS

Kim Jackson

Vivimos en el planeta llamado **Tierra.**

Alrededor del Sol giran **nueve planetas.**

Nuestro **Sol** no es un planeta. ¡Es una **estrella!**

Nuestro Sol nos da luz y calor.

Los planetas que
están cerca del
Sol son muy
calientes.

Los planetas
que están lejos
del Sol son
muy fríos.

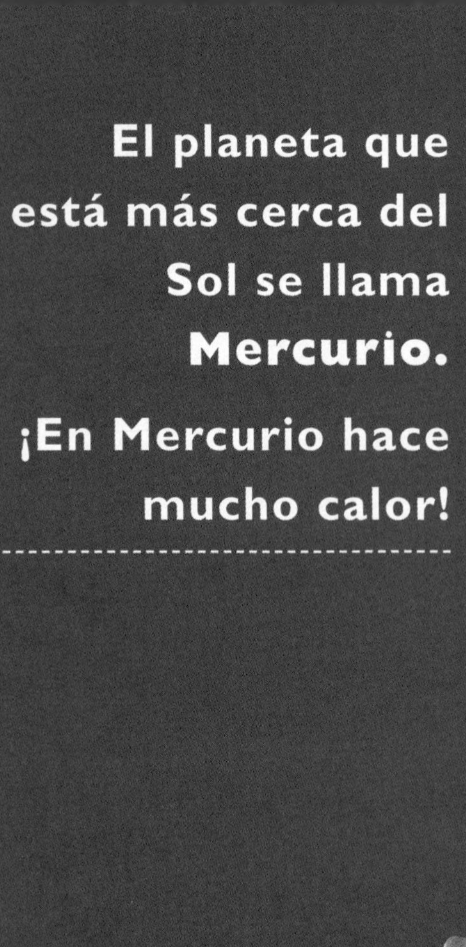

El planeta que está más cerca del Sol se llama **Mercurio.**

¡En Mercurio hace mucho calor!

El planeta **Venus** brilla mucho. ¡Desde la Tierra, Venus se ve tan brillante como una estrella!

El planeta **Marte** es rojo. ¡Marte tiene dos lunas!

El planeta **Júpiter** es muy grande. Júpiter es el planeta más grande.

El planeta **Saturno** tiene anillos. Los anillos de Saturno están hechos de **hielo** y **rocas.**

El planeta **Urano** también tiene anillos. ¡Urano tiene anillos y lunas!

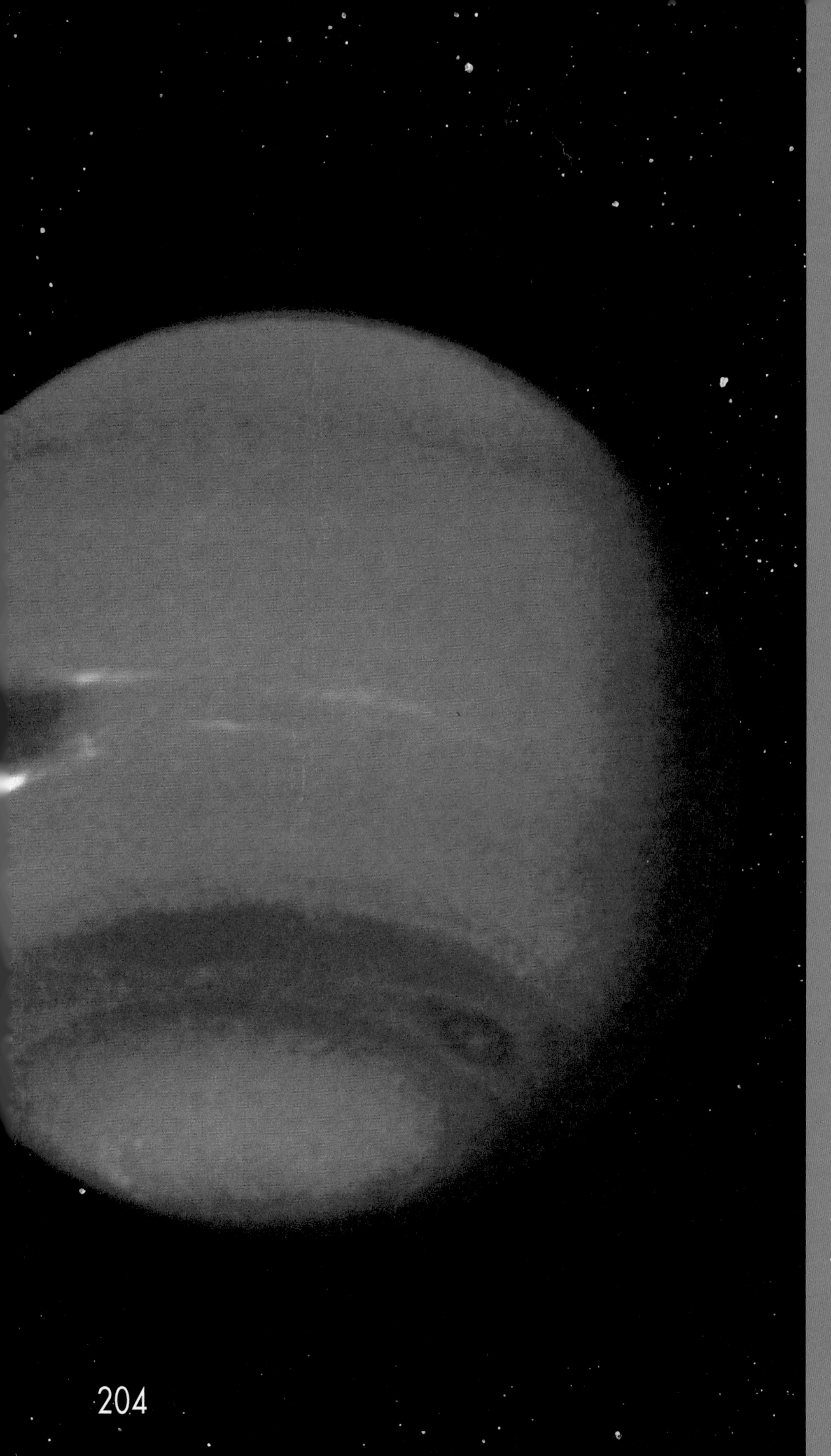

El planeta Neptuno está muy lejos. ¡Neptuno está tan lejos que casi no podemos verlo!

El planeta
Plutón está
muy lejos del Sol.
¡En Plutón hace
mucho frío!
Plutón tiene
una luna.

Nuestro planeta, la Tierra, es un buen sitio para vivir. Quizás algún día visitemos los demás planetas. ¿Qué planeta te gustaría visitar?

Piénsalo

1. ¿Qué aprendiste sobre nuestro sistema solar?
2. ¿Qué planeta te gustaría visitar? ¿Por qué?
3. ¿Cómo te ayudan las fotografías a entender la selección?

Lectura en voz alta

Sobre las fotografías

Nave espacial *Voyager*

Muchas de las fotografías de "Planetas" fueron tomadas por la nave espacial *Voyager*. Esta nave fue lanzada al espacio en un cohete. Primero, tomó fotografías de la Tierra. Luego, voló muy lejos y tomó fotografías de planetas, estrellas y otros cuerpos celestes.

Ahora hay un telescopio en el espacio, el Hubble. Este telescopio toma fotografías de cuerpos celestes que están muy lejos. ¿Qué crees que verá este "ojo en el espacio"?

Telescopio Hubble

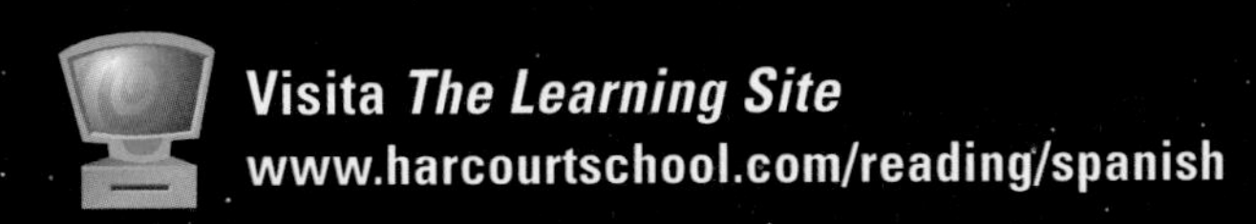

Lectura en voz alta

EL JUEGO DE LA MEMORIA

Muestra lo que has aprendido sobre los planetas. Haz estas tarjetas para un juego de la memoria.

PARA ESTA ACTIVIDAD NECESITARÁS:

2 tarjetas por cada planeta (18 tarjetas en total)

Esta planeta es el más cercano al sol.

En una tarjeta dibuja el planeta y escribe el nombre.

En la otra tarjeta escribe un dato sobre ese planeta.

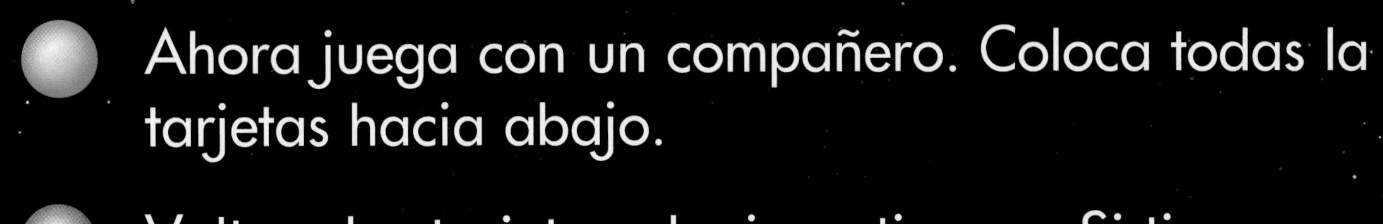

- Ahora juega con un compañero. Coloca todas la tarjetas hacia abajo.
- Voltea dos tarjetas al mismo tiempo. Si tienes una tarjeta de un planeta y los datos correspondientes, te quedas con las tarjetas.
- Si las tarjetas no coinciden, les das vuelta otra vez y las dejas en la mesa.
- Continúa jugando hasta que ya no queden más tarjetas.

Glosario

¿Qué es un glosario?

Un glosario es como un pequeño diccionario. Este glosario está aquí para ayudarte. Puedes buscar una palabra y luego leer una oración donde aparece esa palabra. Algunas palabras tienen ilustraciones para ayudarte.

alguien **Alguien** llama a la puerta.

boca El hipopótamo abre la **boca.**

casa Mi **casa** es de madera.

cohete El **cohete** cruzará el espacio.

crecía El bebé **crecía** día a día.

debajo Los zapatos están **debajo** de la cama.

debe Luisa **debe** hacer sus tareas escolares.

desde El camino va **desde** mi pueblo hasta la ciudad.

después **Después** de la lluvia sale el sol.

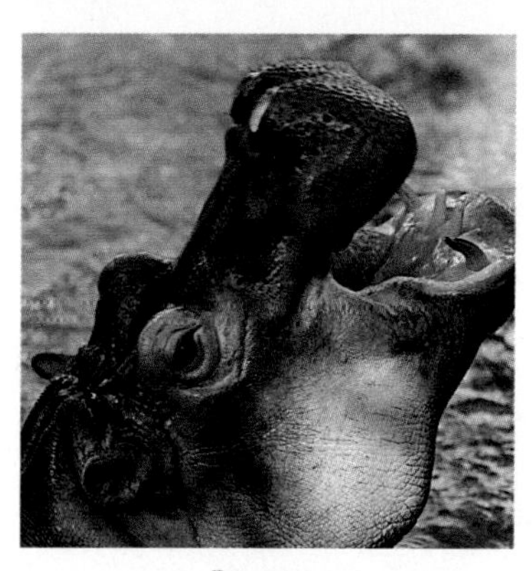

boca

cohete

debajo

dio Mi abuela me **dio** un premio.

encima

encima Los libros están **encima** de la mesa.

feliz Juan se siente **feliz** por haber ganado el concurso.

fondo La ballena come en el **fondo** del mar.

frente La biblioteca está **frente** a la escuela.

frío En verano no hace **frío.**

fueron José y Manuel **fueron** a pasear.

gritó

gritó Daniel **gritó** de alegría.

ha El cartero no **ha** venido todavía.

hechos Los tamales fueron **hechos** ayer.

idea Fue una buen **idea** ir al parque.

igual Esta camisa es **igual** a la tuya.

igual

jamás **Jamás** monté a caballo.

lado Al **lado** de mi casa hay un árbol.

luego Primero voy a estudiar y **luego** iré a jugar.

lado

llegar Está por **llegar** la primavera.

medio El parque está en el **medio** de la ciudad.

miedo Mi perro tiene **miedo** a los rayos y truenos.

noche

nada No hay **nada** más rico que un helado.

nave La **nave** espacial viajará a la luna.

noche Las estrellas se ven de **noche.**

nueve María tiene **nueve** muñecas.

pies

pensó Mi mamá **pensó** que me gustaría la torta.

pies Tengo los **pies** muy fríos.

puedo Yo **puedo** jugar al béisbol.

quizás **Quizás** mañana salga el sol.

será ¿Quién **será** el ganador?

si **Si** llueve, no podremos ir a la playa.

suelo El lápiz se cayó al **suelo.**

toma Mi papá me **toma** de la mano.

ver El sábado iremos a **ver** una película.

vi Ayer **vi** un elefante en el zoológico.

volar A los pájaros les gusta **volar.**

toma

volar

Printed in the United States of America

Acknowledgments

For permission to translate/reprint copyrighted material, grateful acknowledgment is made to the following sources:

Dora Alonso and Agencia Literaria Latinoamericana: "El mar niño" from *Palomar* by Dora Alonso. Text © 1989 by Dora Alonso.

Barron's Educational Series, Inc.: From *La vida en el mar* by María Rius and José María Parramón. © by Parramón Ediciones, S.A.

The Blue Sky Press, an imprint of Scholastic Inc.: From "The New Bed" in *Poppleton Everyday* by Cynthia Rylant, illustrated by Mark Teague. Text copyright © 1998 by Cynthia Rylant; illustrations copyright © 1998 by Mark Teague.

Candlewick Press, Cambridge, MA: The Big Big Sea by Martin Waddell, illustrated by Jennifer Eachus. Text © 1994 by Martin Waddell; illustrations © 1994 by Jennifer Eachus.

Children's Press: From *¡Manzano, manzano!* by Mary Blocksma, Spanish version by Alma Flor Ada, illustrated by Sandra Cox Kalthoff. Copyright © 1983, 1986 by Regensteiner Publishing Enterprises, Inc.

Gallimard Jeunesse: Baboon by Kate Banks, illustrated by Georg Hallensleben. Text copyright © 1997 by Kate Banks; illustrations copyright © 1997 by Georg Hallensleben. Published by Farrar, Straus & Giroux, Inc. Originally published in French by Editions Gallimard. Copyright © 1994 by Editions Gallimard.

Harcourt Brace & Company: Moon Rope by Lois Ehlert, translated by Amy Prince. Copyright © 1992 by Lois Ehlert; Spanish translation copyright © 1992 by Harcourt Brace & Company.

HarperCollins Publishers: "The Corner" from *Frog and Toad All Year* by Arnold Lobel. Copyright © 1976 by Arnold Lobel.

National Wildlife Federation: "Piggyback Ride" from *Your Big Backyard* Magazine, February 1998. Text copyright 1998 by the National Wildlife Federation.

Troll Communications LLC: Planets by Kim Jackson. Text copyright © 1985 by Troll Communications.

Mark Warner: "Frogs in Trees?" by Mark Warner from *U. S. Kids*, a *Weekly Reader* Magazine.

Photo Credits

Key: (T)=top, (B)=bottom, (C)=center, (L)=left, (R)=right

Michael Campos Photography, 35; Ian Anderson, 55; Mark Warner, 56-59; Michael Campos Photography, 61; Carlo Ontal, 108; Michael Campos Photography, 111, 138, 139; courtesy, Walker Books, 156; Michael Campos Photography, 158, 159; Tony Dawson, 186(T); Don Enger/Animals Animals, 186(B); Michael Fogden/DRK Photo, 187(C); Wolfgang Kaehler, 187(B); Michael Campos Photography, 189, 208, 209

All other photos by Harcourt Brace:

Rick Friedman/Black Star; Martin Benjamin/Black Star; Mark Derse/Black Star; David Levensen/Black Star; Anna Clopet/Black Star

Illustration Credits

Jui Ishida, Cover Art; Doug Bowles, 4-9; Tomek Bogacki, 10-35; George Kreif, 35; Arnold Lobel, 36-55, 60-61; David McPhail, 62-83; Floyd Cooper, 84-85; Tracy Sabin, 86-87,110-111, 188-189, 208-209; Mark Teague, 88-111; Lois Ehlert, 112-139; Jennifer Eachus, 140-159; Georg Hallensleben, 160-185, 188-189